Kurt Rommel - Kommt mit mir auf den hohen Berg…

Kurt Rommel

Kommt mit mir auf den hohen Berg, ihr sollt dort sehen Gottes Werk!

Biblische Berggeschichten
in Reimen nacherzählt
Zeichnungen von Gertrud Schrör

Sonnenweg-Verlag

Die in diesem Band zusammengefaßten »Berggeschichten«
von Kurt Rommel erschienen 1989/90 teilweise im
»Evang. Gemeindeblatt für Württemberg«, Stuttgart.

CIP-Titelaufnahme der Deutschen Bibliothek

Rommel, Kurt:
Kommt mit mir auf den hohen Berg, ihr sollt dort sehen Gottes Werk!:
Biblische Berggeschichten in Reimen nacherzählt /
Kurt Rommel. - Konstanz: Sonnenweg-Verl., 1990
ISBN 3-7975-0412-8

Titelbild und Innenbilder: Gertrud Schrör.
Titelgestaltung: Hans Hug, Stuttgart.
Herstellung: Leibfarth + Schwarz, Grafischer Betrieb, 7433 Dettingen.
Printed in Germany
ISBN 3-7975-0412-8

Inhalt

Vorwort

Zu den biblischen Wassergeschichten gesellen sich nun die biblischen Berggeschichten. Die Berge spielen in der Bibel eine große Rolle, sowohl im Alten als auch im Neuen Testament. Manche Geschichte erschließt sich in Reimen leichter, weil Reime manchmal neue Überraschungsmomente ergeben und aufmerksam und neugierig machen. Von der Erschaffung der Berge im ersten Kapitel der Bibel bis zum Berg der Zukunft im vorletzten Kapitel der Bibel spannt sich der Bogen der Geschichten. Die Geschichten sind auch zum Vorlesen geeignet.

Kurt Rommel

Gott schuf die Berge

Nach 1. Mose 1

Als Gott einst unsre Erde schuf
mit seinem schöpferischen Ruf,
da fing er nicht beim Menschen an.
Wir Menschen kamen später dran.
Er machte erst das große Licht.
Denn ohne Licht, da sieht man nicht.
Ein riesengroßes Firmament,
das oben und das unten trennt,
war seine Tat am zweiten Tag.
Von da an ging es Schlag auf Schlag.
Gott schuf die Erde und das Meer
und dazu alles Zubehör:
die Berge, Gipfel, Felsen, Stein,
die Wälder, Seen, Wiesenrain,
auch Pflanzen, Blätter jeder Art,
voll Farbe und mit Glanz gepaart.
Und auch das Meer gelang ihm gut:
es glich der Nacht, es glich der Glut,
es stürmte, ruhte, war wie Gold,
so wie es unser Schöpfer wollt'.
Die Berge auf dem Erdenball,
die waren sein besondrer Fall.
Die Gipfel ragten in die Höhe,
daß später jedermann sie sehe.
Mit ihren Spitzen zeigten hin
sie auf den Schöpfer, hin auf ihn.
So wie ein Berg hoch überragt,
was um ihn lebt und gräbt und nagt,
so ist der Schöpfer über allen
und hat an allem Wohlgefallen.
Denn, was Gott schafft, das liebt er auch.

So ist es bei ihm immer Brauch.
Wenn wir nun auf die Berge gehen,
vor ihren Gipfeln staunend stehen,
dann denken wir an Gottes Ruf,
mit dem er dieses alles schuf.
Ein jeder Berg, wo er auch ragt,
sagt uns von Gott: »Seid unverzagt!
Ich sorg' für euch, ich bin euch nah.
Ich bin tagtäglich für euch da.«

Die Arche und der Ararat

Nach 1. Mose 8

Als Noah in der Arche war –
es war ja fast ein halbes Jahr,
daß er von Gott Befehl bekam
und jetzt auf dieser Sintflut schwamm –,
da dachte Gott, der Herr, daran,
was er ihm hatte angetan
und mit ihm vielen wilden Tieren
und was noch kriecht auf allen Vieren.
Auch an die Kinder dachte er,
und an die Noah-Frau noch mehr.
Gott wollte gut zu Noah sein
und aus der Arche ihn befrein
mit allem, was darinnen ist.
Gott setzte sich jetzt eine Frist.
Er ließ drum einen Wind fest blasen,
zu tilgen diese Wassermassen.
Kein Regen kam vom Himmel mehr,
die Quellen waren völlig leer.
So sank das große Sintflutmeer.
Die Archeleute freut' das sehr.
Sie sahen, wie die Wasser sanken
und fingen schon an, Gott zu danken.
Sie hatten wahrlich nun genug.
Da – plötzlich tat es einen Ruck.
Fest saß die Arche, in der Tat,
auf dem Gebirge Ararat.
Die Wasser sanken immer mehr.
Der Berge Spitzen ringsumher
entstiegen diesen Wasserfluten,
die bisher unter ihnen ruhten.
Und immer mehr Land wurde sichtbar,

und zwar so schön, wie es noch nicht war.
Wie lange wird es sauber sein? –
Dann fiel dem Noah etwas ein,
wie er das Erdreich könnte testen,
ob es frei sei von Wasserresten,
ob man drauf leben könne, wohnen,
ob man den Boden müßt' noch schonen.
Er schickte eine Taube aus.
Ob sie heimkehrt ins Archehaus?
Sie tat's, noch war nicht alles trocken.
Wo sollte sie sich sonst hinhocken?
Nochmals ließ Noah eine fliegen.
Ob sie wird draußen Futter kriegen?
Am Abend kam sie dann zurück.
Ein Ölblatt fand sie. Welch ein Glück!
Sie trug's im Schnabel auf das Schiff.
Drauf Noah voller Freude rief:
»Bald ist die Archezeit zu Ende.
Gott schickt uns jetzt die große Wende.«
Nach sieben Tagen ließ er fliegen
noch eine Taube. Zum Entzücken
von allen kam das Tier nicht wieder.
Die Taube flog und setzt' sich nieder.
Sie fand jetzt Platz auf Baum und Strauch.
Genug zu fressen fand sie auch.
Jetzt war dem Noah schließlich klar:
»Die Sintflut ist nicht mehr, sie war.
Vorbei ist alles Hoffen, Harren,
vorbei die Zeit, in der wir waren
so eingesperrt in Gottes Schiff.«
Der Dank an Gott war groß und tief.
Sie zogen aus nun, Paar um Paar,
und bauten Gott den Dankaltar,
an dem sie Gott, den Herren, priesen.
Und Gott ließ seine Menschen wissen:
Von jetzt an soll die Liebe siegen,
der Sünder solle Gnade kriegen.
Es sollen bleiben Frost und Hitze,

auch Schnee und Regen, Donner, Blitze
und Saat und Ernte dauern an.
Es bleiben weiter auf dem Plan
auch Sommer, Winter, Tag und Nacht.
So hatt' es sich Gott schon gedacht,
am Anfang aller Zeit und Welt.
Dies war jetzt wieder hergestellt.
Das Felsmassiv des Ararat
zeugt von des großen Gottes Tat.
Es spricht von Gottes gutem Sinn
und weist uns auf die Gnade hin.

Der Berg Morija

Nach 1. Mose 22

Denkwürdig ist sie, die Geschichte,
die ich euch heut und hier berichte.
Sie ist auf einem Berg geschehen.
Der Reihe nach! – Wir werden sehen.
Aus Ur war Abraham gegangen.
Gott hatt' mit ihm neu angefangen.
Inzwischen war viel vorgekommen
mit den Gottlosen und den Frommen,
mit Rückschlägen, der Arbeit Lohn,
mit Mensch und Tier, mit Frau und Sohn.

Er liebte den Sohn Isaak sehr.
Er liebte wirklich nichts noch mehr.
»Mein Lieber, das kann ich nicht loben!«
So sprach der Herr, »dich will ich proben,
ja, prüfen will ich, Abram, dich,
ob du den Sohn mehr liebst als mich.
Nimm deinen lieben Sohn mit dir,
ins Land Morija folge mir.
Dort oben, hoch auf einem Berg
tu das von mir gebot'ne Werk
und opf're du mir, was du liebst,
indem du mir den Isaak gibst.«
Betroffen nahm am andern Morgen
Abraham, angefüllt mit Sorgen
den Sohn, den Esel und zwei Knechte
– er fragte sich: Tu ich das Rechte? –.
Er machte Holz klein für das Feuer,
zu opfern den, der ihm so teuer.
Nun gingen alle auf die Reis'
auf Gottes, ihres Herrn, Geheiß.

Drei Tage zogen sie schon fort.
Da sah Abraham jenen Ort,
wo er den Sohn Gott opfern sollte,
obwohl er selbst dies gar nicht wollte.
Er ließ die Knecht' und Tier' zurück
und ging mit Isaak noch ein Stück.
Er wolle opfern, sagte er,
dann komme er zurück hierher.

Doch Isaak fragte Abraham:
»Wo ist denn unser Opferlamm,
das wir dort oben opfern sollen?«
»Isaak, du guter Sohn, wir wollen
dem Herrn vertraun; er wird uns geben
ein Lamm zum Opfern, daß wir leben.«
Am Gipfel machten sie dann Halt.
Da gab es weder Haus noch Wald,
nur ein paar Sträucher sah man stehen.
Wie wird die Sache weitergehen?
Nun sammelten sie Felsenstücke,
daß Abraham zusammenfüge
für einen Brandaltar die Steine.
Doch Isaak fragte: »Du, ich meine,
zum Opfern brauchen wir ein Lamm.
Wo ist es, Vater Abraham?«
Der hörte in sich Gottes Worte.
Sie galt's zu tun an diesem Orte.
Er nahm den Sohn, band ihm die Hände,
band ihm die Füß', legt' ihn am Ende
aufs Holz, das auf dem Altar lag.
Er war ganz traurig, ohne Frag'.
Und wie er grad sein Messer nahm,
da hört' er schreien: »Abraham!«
Er stutzte, ließ das Messer sinken,
das er festhielt in seiner Linken.
Er hörte, wie ein Engel sprach:
»Sei nicht mehr voller Weh und Ach!
Nimm deine Hand von deinem Sohn.

Ihn geb ich dir als Gottes Lohn.
Nun weiß ich, daß du Gott mehr liebst,
sogar den eignen Sohn hergibst.«

Voll Dank war Abraham, voll Freud:
»Welch Glück: ein Schafbock! Höchste Zeit!«
Der hatt' sich im Gestrüpp verfangen.
Er tat nun nach des Sohns Verlangen,
band ihn ganz schnell los von dem Seil
und opferte den Bock zum Heil
an seines eignen Sohnes Statt.
Seitdem der Ort den Namen hat:
»Der Gottesberg, an dem Gott sieht.«
Der Engel teilte weiter mit:
»Gott spricht: Du hast heut nicht verschont
den eignen Sohn. Gott dir dies lohnt.
Er will in Liebe dir begegnen
und dich und deine Kinder segnen.
Weil du geglaubt hast, Abraham,
ist Gott dir keineswegs mehr gram.
Er segnet durch dich alle Leute,
durch das, was du getan hast heute.«
Und Abraham und Isaak
beluden sich mit Sack und Pack
und kamen zu den beiden Knechten
und sahen wieder nach dem Rechten.

Der Berg, auf dem dies einst geschah,
war nah dem Hügel Golgatha.
Der Berg, wo einst der Schafbock starb,
ist Zion, den David erwarb
und drauf Jerusalem erstellte
und Jesus alle Welt erhellte
mit Licht, mit seinem Tod als Lamm.
Begonnen hat's mit Abraham.

Moses Berufung am Berg Horeb

Nach 2. Mose 3 + 4

Als Mose war in Midian
damals, ihr Freunde, da begann
die Rettung der Hebräerscharen
aus der Ägypter Hand. Sie waren
jahrhundert' lang geschätzte Leute
dort, dann des Hasses reiche Beute.
Doch Mose konnte nicht entwischen,
floh Midian zu, das lag zwischen
Arabien und Kanaan.
Ja, dort das Rettungswerk begann.

Dort nahm sich Mose eine Frau,
von Gott gewollt war das und schlau.
Er hütete dort Jitros Schafe.
Er kannte Ort und Weg im Schlafe.
So zog er mal ganz weit nach Süden,
um seine Schafe dort zu hüten.
Dort lag der Horeb, der Berg Gottes,
der Berg des Lebens und des Todes.
Er sah vor sich ein helles Feuer.
Das war ihm deshalb nicht geheuer,
weil lichterloh ein Busch entbrannte
und dieser Brand keine Ende kannte.
Als Mose näher treten wollte –
was er natürlich nicht tun sollte –,
da hörte er ganz laut und deutlich:
»Halt, Mose, es ist unvermeidlich,
daß du fernbleibst von diesem Brand.
Und weil dies alles heilig's Land,
zieh deine Schuhe von den Füßen,
sonst wirst du es bald büßen müssen.«

So sprach der Herr und fuhr dann fort:
»Ich bin dein Gott an diesem Ort,
und schon der Gott der alten Väter,
Abrahams, Isaaks, Jakobs Retter.«
Schnell ging dann Mose in die Knie,
denn so etwas sah er noch nie.
Dann sprach der Herr: »Ich hab' gesehen
dort in Ägypten das Ergehen
des Volkes, meines Volkes Not.
Ich bin sein Gott. Ich bleib' sein Gott.
Ich hab' gehört, wie sie laut schrieen
und Sprache ihrer Not verliehen,
und wie Ägyptens Last sie drückt.
Ich weiß, daß meine Rettung glückt.
Ich will mein Volk aus Zwang befreien,
will es ermuntern und erneuen,
will es dann in ein Land geleiten,
wo Milch und Honig, diese beiden,
genug, um Mensch und Tier zu laben,
und es dann wird, was not ist, haben.
Zieh los und öffne deinen Mund,
tu, was ich sag, dem Pharao kund.«

»Wer bin ich denn«, sprach Mose dann,
»daß ich Pharao bitten kann?«
»Hör, Mose«, sagte Gott darauf,
»ich bin bei deinem Lebenslauf.
Nie wirst du irgendwo allein
und ohne meine Leitung sein.
Das Zeichen meiner Kraft und Stärke
ist, daß ihr dann auf diesem Berge
mir opfern werdet, froh, befreit,
und ganz zu meinem Dienst bereit.«
»Hör, Herr«, kam Mose mit Bedenken,
»wenn sie mir keinen Glauben schenken,
die Freunde, meine Volksgenossen?
Wie soll ich reden unverdrossen?
Wer bist du denn? Wie heißt du denn?

Wen soll ich ankündigen, Herr, wen?«
Da sagte Gott ein einz'ges Wort
und seitdem läuft das fort und fort:
»Jahwe«, so sagte Gott, der Herr,
»das zu begreifen ist nicht schwer.
Ich war, der ich schon immer war,
der treue Herr schon Jahr um Jahr.
Ich bin es, der jetzt zu euch spricht.
Ich sag' euch, ich verlaß euch nicht.
Ich werde sein unwandelbar.
Ich werd' es bleiben Jahr um Jahr.
Ich hab' gerettet, werd' euch retten
aus Angst und Sorgen, Nacht und Nöten.
Und was ich euren Vätern tat
und ihnen half mit meinem Rat,
das tu ich auch euch in Ägypten.
Ich rette euch, meine Geliebten.
So heiße ich. So handle ich.
So helf' ich. So verhalt' ich mich.
Und mit den Ältesten geh dann
zu Pharao und sag ihm an:
‚Drei Tagereisen weit wir sollen
wegziehn, und dann, Pharao, wollen
wir opfern dem Hebräergott.'
Doch er läßt euch nicht ohne Not,
euch Sklaven, fort aus seinem Land.
Er hält euch fest in seiner Hand.
Damit er euch doch ziehen läßt
- vertraut mir, Freunde, stark und fest –,
will ich Ägyptens Menschen schlagen
mit meinen Wundern, harten Plagen.
Das Volk wird euch gewogen sein.
Es deckt euch mit dem Schönsten ein
und gibt euch Silber, Schmuck und Gold,
ja alles, was ihr haben wollt.«

»Noch eine Frag' hab' ich, o Herr«,
rief Mose, »das ist eine Mär

für Pharao und die Ägypter.
Ich bin, o Herr, ein Ungeübter,
bin ungeschickt, nicht überzeugend,
jedoch zu Furcht und Ängsten neigend.«
Da sprach der Herr als Trost zu Mose,
als ob er seinen Freund liebkose:
»Ich geb' dir in die Hände Zeichen,
damit kannst du Pharao erweichen.
Dein Stab wird dir auf Wunsch zur Schlange.
Vertraue mir, dir sei nicht bange.
Und deine Hand: von Aussatz weiß
wird sie sofort auf dein Geheiß.
Wirst du Nilwasser aufs Land gießen,
wird dort dann Blut statt Wasser fließen.
Ein Wunder nach dem andern soll
dir Hilfe sein. Versteh dies wohl!«
Doch Mose, immer voller Skrupel,
fällt keineswegs in Lust und Jubel.
Er meint': »Ich kann, o Herr, nicht reden
und niemals vor Pharao treten.
Ich habe eine schwere Sprache.
Das Reden ist nicht meine Sache.«
Recht zornig wurde da der Herr:
»Du bist voll Angst. Das Herz ist schwer.
Dein Bruder Aaron zieht mit dir.
Jetzt aber geh! Gehorche mir!
Er kommt dir schon vom Nil entgegen.
Ihr werdet für mein Volk zum Segen.«
Und Mose ging nach langem Zögern.
Jetzt half nichts mehr, kein Schimpfen, Meckern.
So ward durch Mose Gott zum Retter,
der gute, treue Gott der Väter.
Beim Horeb, dort beim Gottesberg,
begann das große Rettungswerk.

Die zehn Gottesworte vom Sinai

Nach 2. Mose 19 + 20

Als Mose endlich in Ägypten
den schwergeprüften und betrübten
Hebräern die Befreiung bot,
da glaubten sie vor Freud' an Gott.
Sie hatten früher viel gelitten
und jetzt das Rote Meer durchschritten
und waren nun vollkommen frei.
Für sie war die Erfahrung neu.
Jetzt wollten sie ganz ohne Schranken
sich bei dem Väter-Gott bedanken.
Und Mose führte sie nach Süden,
wo sie mit Freude und in Frieden
ihr Fest für Gott begehen wollten
und sich von ihrer Angst erholten.
Es war hier nicht das Fruchtland Nil.
Es war hier Wüste, 's wuchs nicht viel.
Hier in der Einsamkeit der Wüste
weitab von Stadt und Fluß und Küste,
wollt' Gott nun seinem Volk begegnen
und es versorgen und es segnen.
Für Mose war das ganze Land
nun wirklich nicht mehr unbekannt.
Vor nun nicht allzu langer Zeit,
hat er dort Jitros Schaf' betreut.
Es war die Wüste Sinai.
Und eines Tages hielten sie
und lagerten ganz nah dem Berg,
den Mose kannte. Gottes Werk
erwartete an diesem Ort
das ganze Volk und Gottes Wort.

Und Mose ging hinauf zu Gott.
Gott machte ihm sein Angebot:
»Sag, was ich dir sag, allen Leuten:
Erinnert euch der früh'ren Zeiten.
Ich zog euch aus Ägyptens Ketten,
befreite euch aus Fron und Nöten.
Wenn ihr auf meine Stimme hört,
den Bund einhaltet, mich nur ehrt,
dann werdet ihr mein Eigentum,
vor aller Welt mein Schmuck und Ruhm.
Dann seid ihr auch mein Königreich.
Kein Volk wird jemals eurem gleich.
Ihr werdet Priester sein und heilig.«
Nun hatte Mose es sehr eilig,
dem Volke alles anzusagen.
»Woll'n wir mit diesem Gott es wagen?«,
so fragte Mose seine Leut'.
»Wir halten uns für Gott bereit.
Was Gott gesprochen hat, ist recht.
Nicht anzunehmen, wäre schlecht.«
Dies sagte Mose zu Gott wieder.
»Ich fahre auf den Berg hernieder,
in einer Wolke eingehüllt,
wenn ihr das, was ich sag', erfüllt«,
so sprach Gott weiter, »sag dem Volke,
bevor ich komme in der Wolke,
macht alles sauber, wascht die Kleider,
steigt ja nicht auf dem Berge weiter,
zieht um die Leute einen Zaun,
daß sie sich nie und nimmer traun,
den Berg, den heil'gen, zu berühren.
Wer's trotzdem tut, soll Strafe spüren.
Und wenn das Widderhorn erschallt,
dann, lieber Mose, komm' ich bald.«
Dies sagte Mose seinen Leuten.
Sie mußten sich nochmals entscheiden.
Da – plötzlich fing es an zu blitzen.
Die Leute hob es von den Sitzen.

Es donnerte und grollte sehr,
und um den Berg ein Wolkenmeer,
in dem sich Gott verborgen hielt.
Es raucht' der Berg! War das ein Bild!
Und alles bebte und rumorte,
und ob der Hitze vieles schmorte.
Und immer stärker tönte schon
der göttlichen Posaune Ton.
Da setzte sich Gott bei der Hitze,
dem Plan nach, auf des Berges Spitze,
berief dann Mose hoch zu sich
und gab ihm Weisung väterlich:
»Ich bin es, der euch rettete
und die Ägypter tötete,
weil sie euch länger binden wollten,
was sie natürlich nicht tun sollten.
Ich bin der Herr, dein Rettergott.
Ich bin für euch das Angebot.
Ich biete mich euch selber an.
Wer ohne mich wohl leben kann?
Zehn Worte geb' ich als Leitplanken
für eure Taten und Gedanken.
Ich bin euch Helfer, bin euch Retter,
nehmt mich als Gott, laßt andre Götter.
Ich werde ganz zu euch gehören.
Drum sollt ihr meinen Namen ehren.
Ich ruhte selbst nach meinen Werken.
Auch ihr sollt euch am Sabbat stärken.
Die Eltern hab' ich euch gegeben.
Versorgt sie und ihr werdet leben.
Mein Ziel ist Leben und nicht Töten.
Drum sollt ihr alles Leben retten.
Ich geb' euch Liebe und die Ehe.
Seht zu, daß beides fortbestehe.
Ich gab euch Leben, geb' euch Güter.
Seid drum einander Schutz und Hüter.
Ich bin die Wahrheit, kann nicht lügen.
Laßt alles Lügen und Betrügen.

Ich hab' euch vieles mitgegeben.
Ihr habt genug für euer Leben.
Laßt euch an eurem Gut genügen.
Ich selber werde euch beglücken.«
Gott grub sie ein in Felsenplatten,
wie sie auch andre Völker hatten.

Und während Gott mit Mose sprach,
da dachten die Hebräer nach
und fragten offen: »Wo ist Gott?
Wir sehn ihn nicht. Wir sind in Not.
Auch Mose läßt sich nicht mehr sehen.
Wer soll das alles noch verstehen?
Wir sind verkauft am wüsten Ort.
O wären wir vom Nil nie fort!
Wir brauchen Götter, die wir sehen,
die wir anfassen und verstehen.«
So schrieen sie zu Moses Bruder,
zu Aaron. Und seht her, was tut er?
Er bat um aller Frauen Schätze,
daß er sie dann zusammensetze
zu einer goldnen Götter-Kuh,
damit das Volk bald gebe Ruh.
Vor Freude und vor lauter Jubel
bewegte sich das Volk im Trubel.
Ägyptens Göttin hatt' sie wieder.
Ihr sangen sie jetzt ihre Lieder.

Als Mose dann vom Berge kam,
und dieses Festgetön vernahm,
da dachte er: »Was ist geschehen?
Was müssen meine Augen sehen?«
Voll Wut sprang er in das Gedränge,
trieb auseinander die Volksmenge,
kam endlich bei dem Volk zu Wort.
Die Stimmung war jetzt plötzlich fort.
Als Mose dann zu ihnen sprach
die Tafeln dort in Stücke brach,

da war vorbei die Festeslust,
und allen wurde wohl bewußt,
daß alle Gott verraten hatten
mit ihrem Denken, ihren Taten.
Viel mußte Mose nicht mehr sagen.
Die Göttin ward zu Staub zerschlagen.
Das Volk tat Buße, kehrte um.
Drum blieb auch Gott bei ihm nicht stumm.
Als Mose nochmals Tafeln nahm,
dann auf dem Berg bei Gott ankam,
verzieh Gott seinem Volk die Schuld
und zeigte seine Vaterhuld,
grub nochmals in den harten Stein
fürs Volk die Zehn Gebote ein.
Das heil'ge Wort vom Sinai
vergaßen die Hebräer nie.
Auch als sie dann Israel hießen
sie diese Worte nie verließen.
Und Jesus hat sie auch erzählt,
gehören drum der ganzen Welt.
Für alle Menschen gelten sie
die Worte vom Berg Sinai.

Mose auf dem Berg Nebo

Nach 5. Mose 34

Der Sinai lag weit zurück.
Seitdem gab's Unglück, gab es Glück,
gab's Hoch und Tief. Durch Wüstensand
ging es ja ins gelobte Land.
Nun zogen sie von Süden her –
weit hinter sich das Rote Meer –
und nahten ihrem Reiseziel.
Welch große Freude! Welch Gefühl!
Sie kamen zu dem Jordanfluß
im Lande Moab, dort am Fuß
des Berges Nebo. Tief im Tal
lag Jericho – ein Sonderfall –.
Befestigt, alt war diese Stadt.
Man fürchtete sie in der Tat.
Weil Mose aber nicht stets wollte
wie er von Gott aus handeln sollte,
verbot ihm Gott, ins Land zu gehen.
Vom Nebo aus soll' er es sehen.
Von Ferne schauen, nicht einziehen
in Kanaan, trotz aller Mühen.

Und Mose stieg zum Nebo auf.
Die Sache nahm denn ihren Lauf.
Gott zeigte ihm das ganze Land.
Es lag vor ihm weit ausgespannt.
Er sah vom Süden weit nach Norden
mit kleinen und mit großen Orten.
Er sah vom Norden weit nach Süden
mit Ackerland, Weidegebieten,
von Gilead bis Naphtali.
Mose sah so etwas noch nie.

Im Westen ahnte er das Meer.
Am Jordan freute er sich sehr.
Das alles ist gelobtes Land.
Er kam vor Freud' fast vom Verstand.
Dann sprach der Herr: »Dies schöne, große
und reiche Land, du lieber Mose,
sollst du nur sehn, doch nicht berühren.
Ich werd' das Volk hinüberführen,
wie ich es Abraham versprochen.
Mein Bund mit ihm bleibt ungebrochen,
mit Isaak, und auch Jakobs Leuten.
Bald werden sie hinüberschreiten,
die nach dir kommen, Kindeskinder
und ihre Kinder auch nicht minder.
Sie werden dieses Land bewohnen.
Ich werd' ihr Herr sein und sie schonen.«
Dann starb Mose, der Knecht des Herrn.
Man hatte ihn, trotz allem, gern.
Gott selber gab ihm dann ein Grab,
daß er für immer Ruhe hab'.
Wer später dies Grab suchen wollte,
er's nirgendwo mehr finden sollte.
Das Mosegrab, es blieb verschwunden.
Niemand hat es jemals gefunden.
Das Volk nun trauert' dreißig Tage.
Ein ganzer Monat voll von Klage
um diesen großen Gottesmann –
wie klein das damals doch begann!
Wohl war er alt, der wunderbare:
einhundert und noch zwanzig Jahre.
Noch sah er gut und hatte Kraft.
Er hatte wahrlich was geschafft
in seinen langen Erdentagen.
Es lag ihm: Denken, Handeln, Wagen.

Als dann zu End' die Klagezeit
war Josua, Nuns Sohn, bereit,
in Moses Fußstapfen zu steigen,

dem Volk darauf den Weg zu zeigen
hinein in das gelobte Land.
Gott gab ihm Geist, gab ihm Verstand.
Von Mose schon lang vorgesehen,
dem Gottesvolk voranzugehen.
Nun nahm das Volk Abschied vom Berg
und damit auch vom Mose-Werk,
ließ Nebo, Sinai, zurück,
versuchte mit Gott neues Glück,
mit Josua, dem neuen Rufer,
brach auf zu Gottes neuem Ufer.

Berge der Sicherheit

Nach 1. Samuel 23 + 24

Könnten sie uns doch erzählen,
diese Berge, was einst war,
die Vergangenheit erhellen,
o, das wäre wunderbar.
Was mit David war, dem jungen,
und mit Saul, dem alten Herrn.
David war's, dem viel gelungen.
Oftmals war das Glück Saul fern.
Saul, nein, er konnt's nicht begreifen,
daß der David, dieser Hirt,
einer der noch ganz Unreifen
einmal König werden wird.
Weil der König Saul das wußte –
und auch David wußte dies –,
David er nun jagen mußte,
suchte ihn in Feld und Wies',
auf den Bergen, in den Höhlen,
auf den Gipfeln und im Tal.
Kann man David denn verfehlen?!
Nein! Das nicht! Auf keinen Fall!
Saul, der König, sucht' den jungen
David mit 'nem großen Heer,
denn er hat sich ausbedungen:
David darf nicht leben mehr!
Als die beiden sich fast sahen,
so ganz nahe waren sie,
da hieß es: »Philister nahen!«
Saul brach auf, so schnell wie nie.
Als der Feind verjagt, vertrieben,
kehrte er schnellstens zurück.
David war als Feind geblieben.

Wieder suchte Saul sein Glück,
suchte David, ihn zu töten.
Wo ist er, der Bösewicht?
Der verstand sich stets zu retten.
Ihn erwischte Saul doch nicht.
Als man Saul einmal ansagte,
David sei in En-Gedi
in den Juda-Bergen, klagte
er: »Den Jungen krieg' ich nie!«
Als sich Saul zur Ruhe legte
im Gebirge En-Gedi,
in derselben Höhle steckte
David, dieses Berg-Genie!
Leise zogen sich die Freunde
in der Höhle weit zurück.
Saul und David, diese Feinde,
waren sich ganz nah. O Glück!
Glück? Gar Pech? Für wen der beiden?
Davids Freunde glaubten fest,
Saul müßt' jetzt den Tod erleiden:
»Gib ihm, David, schnell den Rest!«
David wollte Saul verschonen,
da er Gottes König war.
»Morden wird sich niemals lohnen.«
Das war David hierbei klar.
So schlich er auf leisen Sohlen
in der Nacht zu Saul nach vorn,
sah dort Saul, den Ehrenvollen,
der ihn jagte voller Zorn.
Auch wenn seine Freunde drängten:
»Gib ihm jetzt den Todesstoß!«
über ihn den Tod verhängten,
David war ganz frei und los,
nahm sein Schwert, schnitt einen Zipfel
von des Königs buntem Rock
und darauf – das war der Gipfel! –
er sich wieder zurückzog.
Als der neue Morgen graute,

Saul die Höhle schnell verließ, –
wieder in die Ferne schaute,
ob er nicht auf David stieß, –
hörte er, wie ganz weit hinten
jemand rief: »Mein König, hör!
Wolltst du nicht mich, David, finden?
Ich bin hier! Ich bitt' dich sehr:
Hör doch nicht auf jene Leute,
die da sagen, ich sei dir
Feind, mißgönn' dir jede Freude,
woll' dein Unglück! Glaub doch mir!
Sieh, hier habe ich ein Teilchen
deines Rockes in der Hand!«
Saul bedachte dies ein Weilchen,
fragt' sich: »Bin ich bei Verstand?«
David ließ sich weiter hören:
»Gott gab dich in meine Macht,
doch ich ließ dich gern gewähren,
tötete dich nicht heut nacht.
Sieh, ich ließ dich doch am Leben!
Warum folgst du meiner Spur,
willst dem Tod mich übergeben,
denkst das Böse für mich nur?
Saul, ich weiß, Gott ist mein Richter,
laß mich leben wie ich dich.
Gott sei unsres Streites Schlichter.
Jeder lebe frei für sich.«
Als Saul dieses dann bedachte,
rief er David auf den Berg:
»David, was ich bisher machte,
falsch war's, du tatst Gottes Werk.
Du hast Gutes mir erwiesen.
Dieser Zipfel ist Beleg.
Gott sei drum dafür gepriesen,
wies er doch dir deinen Weg
aus dem Bösen in das Gute,
in das Leben aus dem Tod.
Mir ist jetzt sehr wohl zumute.

Leb auch du frei, ohne Not.
Du wirst einmal König werden,
David, Gott hat dich erwählt.
Ich will dich nicht mehr gefährden.
Was jetzt Gott will, das nur zählt.
Doch ich bitte dich, verschone,
wenn du einmal König bist,
was bisher gehört' zur Krone
also mein Nachfahre ist.«
»Sauls Familie werd' ich schonen.«
So schwur David und zog dann
auf den Berg, um dort zu wohnen.
Saul ging heim. Schalom fing an.

Der Berg der Entscheidung

Nach 1. Könige 17 + 18

Der Karmel, Berg ganz hoch im Norden,
ist für das Volk Symbol geworden.
Dort hielt Gott selber sein Gericht.
Hört, ich erzähl' euch die Geschicht'.

In Israel war Hungersnot.
Es fehlte Wasser, drum auch Brot,
weil König Ahab sündigte.
Elia dies verkündigte
dem ganzen Volk und auch dem König:
»Ihr tut für Gottes Wort zu wenig.
Ihr denkt an euch selbst, nicht an Gott.
Zu Baal rennt ihr in der Not.
Gott kann dies keineswegs gutheißen
und kann euch drum nicht lobend preisen.
Damit ihr merkt, daß Gott nicht scherzt,
tut er euch etwas, was euch schmerzt,
läßt euch nach Brot und Wasser laufen
und nirgends könnt ihr welches kaufen.«
Drei Jahre ging es so im Lande,
daß alles nach der Nahrung rannte,
weil ja kein Tropfen Regen fiel.
Drum hielt Ahab kein bißchen still.
Er ließ Elia fleißig suchen.
Man hörte Ahab schimpfen, fluchen.
Er fand Elia trotzdem nicht.
Es nahte aber das Gericht.

Obadja, Ahabs Mitarbeiter,
Elias heimlicher Mitstreiter,
vermittelte, daß Ahab, brav

und zahm, Elia endlich traf.
Als Ahab nun Elia sah
schrie er: »Bist du, Elia, da,
der unsrem Land das Unglück bringt,
daß wirklich nichts mehr, nichts gelingt?«
»Halt, König Ahab, hör mir zu!
Der Grund der Unglückszeit bist du!
Versammle das Volk Israel -
daß keiner von den Priestern fehl! -
hoch oben auf dem Karmelberg.
Dort wird Gott tun sein gutes Werk.
Er wird dann wieder regnen lassen.
Er will dann lieben, nicht mehr hassen,
nicht strafen mehr, nein, er will segnen,
als Zeichen dafür läßt er regnen.«
Als alle auf dem Karmel waren -
sie kamen an in hellen Scharen -,
da rief Elia: »Hört ihr Leute!
Hier Gott! Hier Baal! Welche Seite
ist euch genehm? Entscheidet euch!
Baal und Gott geht nicht zugleich!«
Er einen Altar bauen ließ
und einen Stier er schlachten hieß.
Der sollte auf dem Altar liegen.
Und der Gott sollte Beifall kriegen,
der Feuer aus dem Himmel schickte.
Wem wohl das Unternehmen glückte?
Die Baalspriester fingen an
zu schrei'n, wie man nur schreien kann,
umtanzten Stier und den Altar,
so wie's bei ihnen Sitte war.
Elia stachelt' sie noch an:
»Ist Baal nicht der große Mann,
der immer hilft und alles weiß?«
Sie tanzten um den Stier im Kreis
vom Morgen an, ganz in der Früh.
Bis Mittag schrien und tanzten sie.
Elia war es jetzt genug

mit allem Zauber, Lug und Trug.
»Kommt her zu mir!« rief er die Leute.
»Gott wird das Feuer schicken, heute.
Nun seht: zwölf Steine ich jetzt nehme –
Erinnerung an die zwölf Stämme
des Volkes Israel – und bau mit ihnen
dann den Altar, um Gott zu dienen.
Ich lege diesen Stier darauf
und reiße einen Graben auf
um den Altar. Gießt Wasser drein;
denn alles muß durchfeuchtet sein!«
Nach Wunsch war alles gut geraten.
Elia sprach: »Herr, deine Taten
sind jetzt gefragt. Erhöre mich!
Laß mich und dein Volk nicht im Stich!
Zeig dich dem Volk als seinen Gott,
gib du ihm Wasser und gib Brot.
Laß Feuer du vom Himmel fallen
und Regen; er tut not uns allen.«
Der Himmel war ganz klar und hell.
Doch aus ihm zuckten Blitze grell,
sie schlugen in den Altar ein
und hüllten ihn in Feuerschein,
der alles fraß mit großer Gier:
Das Wasser, Steine, Holz und Stier.
Da dies das Volk mit Augen sah,
was da am hellen Tag geschah,
schrie es befreit: »Der Herr ist Gott!
Der Herr ist Gott! Baal ist tot!«
Und als des Baals Priester-Schar
zur Strafe hingerichtet war,
erwartete das Volk den Regen
als Gottes Tat, als seinen Segen.
Der König Ahab merkte nun,
daß bisher falsch war all sein Tun.
Als dann der große Regen kam,
die Trockenheit den Abschied nahm,
da war Elia ganz am Ende,

befahl sich drum in Gottes Hände.
Ihn freute des Volkes Entscheidung,
das Ja zu Gottes Tun und Leitung,
zu Gottes Wort und Gottes Werk
dort oben auf dem Karmelberg.

Der Berg der Erneuerung

Nach 1. Könige 19

Elia lebte wieder frei.
Wohl war die Trockenheit vorbei
und Ahab war recht froh deswegen.
Isebel, seine Frau, hingegen
fand gar nicht schön, was sie da hörte.
Darum sie kurzerhand begehrte
den Tod Elias, möglichst bald.
Elia wurde heiß und kalt
ob diesem königlichen Wort.
So machte er sich schnellstens fort.
Er hatte Angst vor Isebel.
Sie scheute keinen Trick und Fehl.
Was sie befahl, mußte geschehen.
So ließ Elia alles stehen
und eilte immer Richtung Süden.
Ob er wohl findet seinen Frieden?
Schon kam er nach Beerscheba.
Sein Diener folgte ihm bis da.
Allein zog er hin in die Wüste,
wo ihn dann ein Wacholder grüßte.
Er suchte Schutz im Schatten und
zum Jammern öffnet' er den Mund:
»Es ist genug, Herr, laß mich sterben.
Isebel will mich doch verderben.
Warum soll ich am Leben bleiben?
Mein ganzes Denken, Tun und Treiben,
mein Reden, Lieben, Gehen, Wandern,
war auch nicht besser als der andern
Verhalten in der letzten Zeit.
Mein Leben nimm! Ich bin bereit!«
Er legt' sich beim Wacholder schlafen.

Und wie auch einst sich Dinge trafen,
so bei Elia. In der Nacht
berührte ihn ein Engel sacht
und weckte ihn – es war gewiß
kein Irrtum –: »Steh doch auf und iß!«,
so sprach er und: »Der Weg ist weit,
der vor dir liegt die nächste Zeit.«
Elia sah ’nen Wasserkrug
und auch geröstet’ Brot genug.
Er aß und trank von dieser Speise,
um Kraft zu sammeln für die Reise.
Es war gewiß ein weiter Weg
durch Felsenschluchten ohne Steg
bis er nach vierzig Tagen dann
beim Gottesberg, Horeb, kam an.
Gott wußte, was er damit wollte:
Elia zum Berg Horeb sollte,
zu jenem Berg, auf dem einst er
den Bund schloß mit dem Volk. Und wer
hat diesen Bund gebrochen?
Das bleib zunächst unausgesprochen.
Elia floh in eine Höhle:
»Stirb endlich jetzt, du meine Seele!«
Doch als die Nacht vorüber war,
da hörte er ganz deutlich, klar:
»Elia, was machst du denn da?«
Er spürte, Gott war ihm jetzt nah.
»Ich hab’ geeifert für den Herrn,
denn Gottes Volk war von Gott fern.
Das Volk hat seinen Bund verlassen,
ging falsche, schlechte Lebensstraßen,
zerbrach Altäre und Propheten.
Sie leben lassen? Nein! Sie töten.
Das war des Volkes böser Wille.
Und jetzt ist es um mich ganz stille,
die Stille vor dem großen Sturm.
Sie töten mich, mich armen Wurm.«
Da sprach der Herr: »Tritt aus der Höhle,

geh auf den Berg hinauf und stelle
dich vor den Herrn. Er wird dort gehen.
Wirst du ihn sehen? Ihn verstehen?«
Jetzt kam ein starker Sturmwind auf,
daß Felsen barsten. Bald darauf
erfuhr Elia die Geschicht':
Im Sturmwind war der Herr noch nicht.
Dann plötzlich bebten Fels und Erde.
Er zeigte eine Angst-Gebärde.
Und wieder ging ihm auf ganz schlicht:
Im Beben war der Herr auch nicht.
Dann fiel das Feuer auf den Boden,
als käme es aus tausend Schloten.
Und wieder merkte er ganz schlicht:
Im Feuer war der Herr auch nicht.
Doch dann vernahm er leises Brausen,
ein Hauchen nur, ein sanftes Sausen.
Das war so anders als bisher.
Es fiel ihm wahrlich gar nicht schwer,
zu glauben jetzt in seiner Not:
»In dieser Stille drin wohnt Gott.«
Nicht in den Stürmen, nicht im Beben,
nicht in dem Feuer war das Leben.
Hier in der Ruhe, in der Stille
verbirgt sich Gottes guter Wille.
Nicht stürmisch tobend, bebend klagen,
nicht feurig strafen. Ruhig sagen,
die Liebe üben, gütig handeln
wird eher Menschenherzen wandeln.
Elia hörte dann am Ort
nochmals das gleiche Gotteswort:
»Elia, was tust du denn da?«
»Du weißt, ich sagte es dir ja«,
so sprach Elia, »ich hab' mich
für Gott verkämpft ganz fürchterlich.
Denn Gottes Volk brach Gottes Bund,
rief Baal an mit seinem Mund.
Propheten tötete es viel,

und Ahab treibt mit mir sein Spiel.
Der will mich armen Menschen töten.
Wer wird aus seiner Hand mich retten?«
Doch Gott ging darauf gar nicht ein,
ließ König Ahab Ahab sein
und hieß Elia zurückzugehen
denselben Weg mit Tal und Höhen
weit nach Damaskus in den Norden.
Von Unheil sprach Gott, Tod und Morden,
doch auch von Segen, Heil und Glück:
»Elia, geh nun flugs zurück,
das gute Wort in Herz und Ohr,
sei mutig, fröhlich wie zuvor:
‚Ich, Herr und Gott, werd' übriglassen
in Israel, die mich nicht hassen,
die nicht vor Baal die Knie beugten,
die ihren Glauben offen zeigten,
die Baalsfesten – sausend, brausend –
fernblieben: es sind siebentausend.'
Ein Rest soll noch am Leben bleiben.
Ich werd' ins Buch des Lebens schreiben
die Namen derer, die mich ehrten,
dem Haß zum Trotz, die Liebe mehrten.«
Elia ging vom Berg herab
– er war nicht tot, lag nicht im Grab –,
vom Gottesberg mit der Erfahrung
der großen Gottesoffenbarung,
daß Gott auch in der Stille ist.
Wer denkt da nicht an Jesus Christ?
Elia kam vom Berg herunter,
recht froh von Gottes Wort und munter:
»Ein Rest wird leben, bleibt Gott treu.«
Das alte Wort ist wieder neu:
Oft war es nur die kleine Schar,
die bei Gott blieb und ihm treu war.
Wohl dem – das ist das allerbest –,
den Gott, der Herr, selbst zählt zum Rest.

Die feste Burg

Nach Psalm 46

Nicht immer sind wir froh und heiter,
und doch geht unser Leben weiter.
Mal sind wir traurig und mal froh.
Im Leben ist das eben so.
Doch der ist wahrlich gut beraten,
der, wie die Vorfahren es taten,
fest glaubt dem Herrn, dem einen Gott,
der uns beisteht in größter Not.
Wie gut ist es, das Lied zu kennen,
das Juden ganz ihr eigen nennen.
Auch zu uns Christen ist's gekommen.
Wir haben es voll angenommen
als Lied in Freude und in Not,
ein Lied vom Helfer, Retter-Gott.

Der Herr ist unsre Zuversicht
und seine Kraft verläßt uns nicht.
Wenn große Nöte uns befallen,
ist er mit Hilfe nahe allen.
Wir ängsten, fürchten uns drum nicht,
selbst wenn die Welt zusammenbricht,
selbst wenn die Berg' im Meer verschwänden,
wir bleiben doch in Gottes Händen.
Die Gottesstadt kann fröhlich sein,
denn niemand ist dort je allein.
Für alle Lebenswasser fließen,
und jeder kann Gott selbst genießen.
Hoch auf dem Berg die Gottesstadt,
die Türme, Mauern, Tore hat.
Weil Gott sie schützt, bleibt sie bestehen.
Wer sie bekämpft, wird untergehen.

Der Glaube ist die Gottesstadt.
Gott ist uns treu, gibt Mut und Rat.
Gott ist die Burg, in die wir flüchten.
Der Treue wird uns nicht vernichten.
So kommt und schaut die Werke an,
die unser Gott bei uns getan.
Er kann in uns das Herz erneuern,
damit wir Friedensfeste feiern.
Er ist der Kriege großer Feind
und das Verfeindete er eint.
Die Waffen schlägt er aus den Händen,
der Friede kommt, Feindschaft wird enden.
Wenn wir mit leeren Händen still
drauf hören, was Gott sagen will,
erfahren wir, er, Gott, ist einer
und außer unsrem Gott ist keiner.
Wir wissen das von Jesus Christ,
der unser Herr und Bruder ist,
und auch der Gottesfried' auf Erden,
kann, wenn wir ihm traun, wirklich werden.

Der heilige Berg

Nach Psalm 48

So lobte das Volk Israel
– und war dabei mit Leib und Seel –
den heil'gen Berg, die Gottesstadt,
die von Gott selbst den Namen hat.
Auf diesem heil'gen Gottesberg
ist Gott zu loben und sein Werk.
Hoch ragt er auf, der Berg Zion.
Die Feinde liefen oft davon,
als sie die Zionsmauern sahen.
Sie wagten sich meist nicht zu nahen,
die hohen Mauern gar zu stürmen,
die Stadt mit Burgen und mit Türmen.
Sie wichen angstvoll und erschreckt,
als sie den Gottesberg entdeckt,
ihn in der Ferne liegen sahen.
Die Freunde voller Freude nahen.
Sie finden auf dem Berge Schutz
und machen sich die Stadt zunutz.
Im Tempel, diesem Gotteshaus,
da gehen Fromme ein und aus
und loben Gott für seine Güte
mit Beten, Opfern und im Liede.
Sie glauben fest, daß diese Stadt
in Ewigkeit kein Ende hat,
weil Gott, der Herr, dort selber wohnt,
weil er als Sonne sie besonnt,
weil er mit Recht und Liebe richtet
und alle Streitigkeiten schlichtet,
weil er der Stadt den Frieden bringt
und sie dafür ihn lobt, ihm singt.
Sie ziehen um die Stadt herum

und sind vor Übermut nicht stumm,
bestaunen Mauern, zählen Türme
und glauben, daß die stärksten Stürme
sie niemals je bezwingen können,
selbst wenn sie Heere hart berennen.
Jahrtausende hat nun seitdem
gesehn die Stadt Jerusalem.
Sie blieb nicht ewig dort bestehen;
sie mußte elend untergehen.
Die Herren wechselten sehr oft,
obwohl das Volk der Juden hofft,
daß diese Stadt in Frieden lebt
und alle Welt zu ihr hinstrebt.
Für uns ist diese Stadt Symbol
für Gottes Heil und Gottes Wohl,
für Friede und Gerechtigkeit,
für Gottes Zeit und Ewigkeit.

Berge der Hilfe?

Nach Psalm 121

Wer Not und Leid und Sorgen kennt,
wer Mangel, Angst sein eigen nennt
und niemals etwas hat zu loben,
des Augen gehen oft nach oben
und suchen dort nach Hilf' und Rat.
Ob das wohl Sinn und Wirkung hat?
Einst sang ein Sänger dieses Lied.
Wir sprechen, singen es nun mit:

Ich hebe meine Augen auf,
wenn mich des Tages Last und Lauf
fast auf den Boden nieder drückt
und meinen Händen nichts mehr glückt.
Ich blicke zu den Bergen hoch,
denn meine Ahnen alle noch
erhofften von dort Gottes Wort.
Der Berg war für sie heil'ger Ort.
Kommt von dort wirklich jener Rat,
der Wahrheit, Sinn und Inhalt hat?
Vermögen Berge uns zu retten
aus Sorgen, Trübsal, Angst und Nöten?
Ich glaube: Nein! Sie können's nicht.
Sie sind geschaffen wie das Licht,
wie Sonne, Mond und jeder Baum,
wie Tier und Mensch und jeder Traum.
Wenn jemand wirklich helfen kann,
dann ist das – ja, ich glaube dran! –
der Herr, der alle Welt gemacht,
die Sonne, Erde, Tag und Nacht.
Die Berge nicht, er ganz allein,
er kann und will Begleiter sein

auf meinen Wegen durch die Zeit,
durch Nacht und Tag zur Ewigkeit.
Wir Menschen müssen ruhen, schlafen.
Gott braucht nicht Ruhe, er kann schaffen.
Wenn uns die müden Hände sinken,
läßt er uns Lebenswasser trinken.
Er schläft nicht und er schlummert nicht.
Es ihm an Kräften nie gebricht.
Hör und vertrau doch Gottes Segen,
der mit dir geht auf deinen Wegen.

Behüten wird dich unser Gott,
dir Leib und Seele hüten,
dir helfen mitten in der Not,
mit Heil dich überschütten.
Behüten wird dich unser Gott
am Anfang und am Ende.
Er führt durch Leid und Not und Tod
in seine ew’gen Hände.

Berg der Versuchung

Nach Matthäus 4, 1 – 11

Bevor Jesus zum Handeln kam
der Geist ihn erst zur Seite nahm
an einen Ort in einer Wüste,
weit ab von Fluß und Meer und Küste.
Der Geist des Vaters schickte ihn,
damit der Teufel prüfe Sinn
und Meinung Jesu zu Beginn.
Drum schickt' er ihn zur Wüste hin.

Viel Not auf Jesus lastete.
Und darum er dort fastete.
Es waren 40 Fastentage.
Das ist viel Zeit, ganz ohne Frage.
Und daß er danach Hunger spürte
und sich in ihm der Magen rührte
ist jedem klar, der dies bedenkt,
ein wenig Aufmerksamkeit schenkt.
Als Jesus hungrig war, nicht satt,
da plötzlich! Der Versucher trat
zu ihm und sprach ihn an: »Bist du
der Gottessohn, dann gib nicht Ruh,
bis du aus Steinen Brot gemacht.
Nicht können? Das wär' doch gelacht!«
Doch Jesus widerstand dem Teufel
und widerlegte jeden Zweifel
mit einem Wort der Heil'gen Schrift,
das eben diesen Fall betrifft:
»Der Mensch lebt nicht vom Brot allein.
Das kann nicht sein, das darf nicht sein.
Doch leben Menschen hier und dort
von einem jeden schlichten Wort

das aus dem Munde Gottes geht,
es in sich aufnimmt und versteht.«
Der erste Angriff war zu Ende.
Der Teufel aber, ganz behende,
nahm Jesus in die Heil'ge Stadt
zu weiterer Versuchungstat.
Er führte ihn hoch auf die Zinne
des Tempels und hielt dort oben inne:
»Hör, bist du wahrhaft Gottes Sohn
und kommst du gar von seinem Thron,
dann wirf dich als Beweis hinab.
Der Sturz bringt dich dann nicht ins Grab.
Es steht in Gottes Wort geschrieben –
und damit meint Gott seine Lieben –:
‚Er gibt Befehl an seine Engel,
daß sie dich ohne Fehl und Mängel
auf Händen tragen durch die Zeit.'
So steht's geschrieben. Sei bereit!«
Der Herr, nicht auf den Mund gefallen:
»Ich sag' ein Wort, auch das gilt allen:
‚Du sollst nicht schwören und nicht fluchen
und niemals deinen Gott versuchen!'«
Der Teufel aber gab nicht auf.
Er nahm mit Jesus seinen Lauf
auf einen Berg, der war sehr hoch.
Er dacht' bei sich: »Den krieg' ich noch!«
Er zeigte Jesus alle Reiche
und hoffte, daß er dann erweiche,
wenn er ihm sagt: »Dies alles soll –
von Glanz und Herrlichkeiten voll –
ganz dir gehören, Jesus du,
wenn du zu Boden fällst im Nu
vor mir und mir die Ehre gibst
und mich verehrst und nur mich liebst.
Die ganze Welt, o Herr, ist dein,
wenn du mich groß machst, dich ganz klein.«
Das war für Jesus gar zu viel
und wirklich nicht nach seinem Stil:

»Geh weg von mir, du Gottesfeind!
Das war von dir nicht gut gemeint.
Du Satan hast wohl ganz vergessen
was auch in Gottes Wort zu lesen:
‚Anbeten sollst du Gott allein
und ihm allein ein Diener sein.‘«
Als das der Böse aber hörte,
er wahrlich sich zum Teufel scherte
- weil er auf solchen Glauben stieß -
und Jesus nun alleine ließ.
Als Satan dann gegangen war,
kam zu ihm eine Engelschar.
Sie diente ihm, dem wahren Herrn,
und tat das fröhlich, tat das gern.
Der Blick vom Berg in alle Welt
hat endlich alles klar gestellt.

Die Himmelfahrt macht' offenbar,
was von Anfang an so schon war:
»Gewalt im Himmel und auf Erden
ist mir gegeben, ihr Gefährten!
Kein noch so großes Weltgetümmel
und selbstgemachter Erdenhimmel
kann mir die Macht je streitig machen.
Des Teufels Macht ist mir zum Lachen.«

Und wer auf Jesu Spuren geht
und, was er sagt und meint, versteht,
der ist dagegen gut gerüstet,
was sich an Gottes Stelle brüstet.

Nachdem Jesus dort auf dem Berg
geprüft war, tat er Gottes Werk:
er half den Menschen allen gleich
und predigte das Gottesreich.

Der Berg der Glückseligkeit

Nach Matthäus 5, 1 – 12

Zu Jesu Lebenswerk gehörte,
daß er Gott-Vater hoch verehrte
und seinen Namen predigte
und sich dabei entledigte
des Auftrags, den einst Gott ihm gab:
»Gib diesen Menschen, was ich hab'
an Liebe und Barmherzigkeit,
an Güte, Gnade, großer Freud.
Tu dies recht vielen Menschen kund.
Ich mache einen neuen Bund,
wie ich ihn schloß mit Israel,
mit aller Kraft, mit Leib und Seel.«
Und so wie Gott vor vielen Jahren
auf dem Berg Sinai verfahren
mit seinem Volk, will Jesus lehren
das Volk, das kam, um ihn zu hören.
Und weil es viele Leute waren,
– sie kamen ja in hellen Scharen –
stieg er auf eines Berges Hang
und predigte viel Stunden lang,
bot ihnen Gottes Liebe an,
wie's Gott am Sinai getan.
»Glückselig sind«, so sprach er dann,
»ja wirklich, die sind gut daran,
die geistlich arm sind, sich nicht blähen,
die nicht auf ihren Glauben sehen,
nicht stolz sind auf die Liebe Gottes
und stets gewärtig Menschenspottes.
Trotz Glauben sind sie vor Gott Sünder
und darum sind sie Gottes Kinder.«
Die Menschen, die zu Jesu Füßen

dort saßen und sich sagen ließen,
daß sie von Gott Geliebte seien,
begannen sich darob zu freuen
und waren weiter Aug' und Ohr.
Das trug nun Jesus weiter vor:
»Glückselig sind«, so sprach er weiter,
»glückselig, glücklich, froh und heiter
sind die, die Leid um jemand tragen.
Denn Gott wird sie in ihren Klagen
ernst nehmen und sie richtig trösten
mit guter Botschaft, mit der besten,
die es in Trauer geben kann.
Sie fängt mit meinem Ostern an,
der Auferstehung aus dem Tod,
mit der ich abschloß Leid und Not.«
Das war nicht einfach zu begreifen,
nicht für die Schlichten und die Reifen.
»Glückselig«, so fuhr Jesus fort,
»sind die, die sich an keinem Ort
zu Wut und Geifer reizen lassen,
die vielmehr dieses alles hassen,
Geduld und Sanftmut dafür lieben.
Hört, ihnen hat der Herr verschrieben
das ganze Erdreich als ihr Gut.«
Wo ist ein Herr, der so was tut?
Wo wird die Sanftmut so geschätzt?
Die Leute waren hell entsetzt.
»Glückselig sind, die hungrig sind,
nicht nur nach Brot wie jedes Kind,
vor allem nach Gerechtigkeit,
nach der der ganze Erdball schreit;
Gerechtigkeit, die Gott uns gibt,
Gerechtigkeit, die Menschen liebt,
die Gott, der Herr, den Menschen schenkt,
womit er alles Leben lenkt.
Und wer Gerechtigkeit dann hat,
der ist nicht hungrig, der ist satt.«
»Gerechtigkeit ist mehr als Brot?

Und das sagt Jesus uns von Gott?«
Die Leute dachten lange nach
ob dem, was Jesus damals sprach.
»Glückselig sind nicht harte Leute,
die an sich reißen ihre Beute.
Glückselig – da gibt's nichts zu scherzen –
sind Menschen mit den warmen Herzen,
Barmherzige nennt man sie auch.
Bei unsrem Gott ist es dann Brauch,
daß sie Barmherzigkeit erlangen
und Gutes von ihm selbst empfangen.«
»Damit ist unsre kalte Welt
tatsächlich auf den Kopf gestellt.«
So sprachen damals diese Leute.
»So macht man ja im Leben Pleite.«
»Glückselig sind, die rein und klar
im Herzen sind, getreu und wahr.
Die haben alle reine Augen,
die für das Sehen Gottes taugen.
In Herz und Auge hat nichts Platz,
nur Gott. Er ist der größte Schatz.«
Ob das wohl jemand fertig bringt?
Ob jemand das wirklich gelingt?
»Glückselig sind«, sprach Jesus dann,
»die frisch und fröhlich fangen an,
das, was in Unordnung geraten,
was Menschen Trennendes je taten,
in Ordnung, in die Reih' zu bringen.
Mög' es den Leuten gut gelingen,
daß sie auf die Weis' Frieden schaffen,
aufwecken die, die friedlos schlafen,
daß ihre Herzen offen werden
für Gottes Frieden hier auf Erden
und sie beginnen so zu leben,
daß Menschen sich die Hände geben.«
»Das ist nicht leicht«, so sprachen sie,
»wer nichts tut, der erreicht dies nie.«
»Glückselig sind«, so Jesus endete

und Lob den Leuten damit spendete, –
»glückselig sind die, hört, die leiden,
Verfolgte sind sie von den Leuten,
die ihnen ihren Glauben neiden,
Gerechtigkeit und ihre Freuden.
Sie sind da für die Armen, Schwachen,
daß Weinende auch wieder lachen.
Sie ärgert das, was Unrecht ist,
was Lug und Trug, was Trick und List.
Sie leiden für Gerechtigkeit
und sind zum Tod dafür bereit.
Propheten ging es ebenso.
Seid darum glücklich und seid froh.
Der Lohn ist einst für alle gleich,
denn euch gehört das Himmelreich.«
Auch dabei staunten alle Leute:
»Was sagt denn unser Meister heute?«
Das, was der Herr am Berg einst sagte,
den Feinden auch zu sagen wagte,
das gilt noch heute, jetzt und stets,
denn das ist Jesu Grundgesetz.

Die Stadt auf dem Berge

Nach Matthäus 5,14

Jesus suchte stets in Bildern
seinen Zuhörern zu schildern,
wie ein rechter Christ aussieht,
was er liebt und was er flieht,
was er tut und was er treibt,
was er läßt und wo er bleibt.

Einmal sagte er beim Wandern
dort am See zu allen andern:
»Seht, da oben diesen Ort!
Safed heißt das Dörflein dort.
Sichtbar ist's von allen Seiten,
strahlt und glänzt in alle Breiten,
kann sich wirklich nicht verstecken.
Jedermann kann es entdecken.
Wie sich's mit dem Ort verhält,
so seid ihr das Licht der Welt,
sichtbar seid ihr überall.
Ihr habt keine andre Wahl.
Wer bei mir ist, der ist sichtbar.
Sichtbarkeit ist unverzichtbar.
Darum lebt und handelt so,
daß ein jeder werde froh,
der euch sieht und der euch hört
und darüber Gott verehrt.
Alle Menschen sehen euch,
sehen in euch Gottes Reich,
sehen mich, das Licht der Welt,
das die ganze Welt erhält,
strahlt und leuchtet wie der Ort
auf dem Berge hier und dort.
Leuchtet als das Licht der Welt,
das die finstre Nacht erhellt.

Der Berg des Gebets

Nach Matthäus 14, 22 + 23

Wenn Jesus nach des Tages Lasten
wollt' irgendwo gemütlich rasten,
dann suchte er nicht Platz am See.
Viel lieber ging er in die Höh'
auf einen Berg, um dann allein,
mit Gott dort im Gespräch zu sein.
Ein Berg ist ein besondrer Ort,
von Lärm und Krach und Hast weit fort.
Er lädt zum Denken, Beten ein.
Die Luft ist ruhig und ist rein.
Auch wenn einst früher auf den Höhen
manch Heiligtum war zu besehen
von Baalim aus alten Tagen.
Obwohl nie Antwort kam auf Fragen,
obwohl sie keine Hilf' empfingen
trotzdem die Leute dorthin gingen.

Der Herr ging gern auf einen Berg
– ein jeder Berg ist Gottes Werk –,
erinnerte sich auf den Höhen,
was sonst auf Bergen war geschehen.
Zum Beispiel ist der Sinai
ein Berg voll Gottes-Energie.
Von dort aus schloß Gott seinen Bund
mit seinem Volk der Juden. Und –
er gab dort seinem Volk sein Wort.
Der Berg ist wirklich Gottes Ort.
Dann ist der Karmelberg noch da.
Auch dort war Gott dem Volke nah,
indem er für sein Volk einstand.
Er nahm es dort an seiner Hand

und führte es aus dem Gericht,
durch Nacht und Not ins helle Licht.
Das alles fiel auch Jesus ein,
wenn er auf diesem Berg allein
für sich sann über alles nach
und dann mit seinem Vater sprach.
Was Jesus wohl gebetet hat?
Für uns? Und auch an unsrer Statt?
Er setzte sich für alle ein
bei Gott, für alle, groß und klein.
Er holte Kraft aus den Gesprächen
mit seinem Vater. Die Gebrechen
der vielen Menschen kannte er,
sie alle vor Gott nannte er.
Er wollte sich zu ihm bekennen
und ihn wie immer »Vater« nennen,
der seines Sohnes Bitten hört,
auf seines Sohnes Treue schwört.
Gut war's, daß Jesus oft allein
mit seinem Vater wollte sein.
Als Mittler trat er ein vor Gott
für uns, die Welt mit ihrer Not.

Berg der Anbetung?

Nach Johannes 4, 1 – 26

Es war in alten Zeiten Brauch –
wie bei den Nachbarvölkern auch –,
auf Bergen vor Gott hinzutreten
und ihn zu bitten, anzubeten.
Doch welcher Berg ist dazu richtig?
Das war für Beter immer wichtig.

Als Jesus auf dem Wege war
mit seiner Zwölfer-Jüngerschar,
kam er nach Sychar, einem Ort,
der Jakobsbrunnen war auch dort.
Es war nun Mittag und sehr heiß.
Ganz schüchtern, heimlich und auch leis
trat eine Frau zum Brunnenschacht,
als Jesus dort schon Rast gemacht.
Er fragte sie, sie fragte ihn.
So ging das Reden her und hin.
Da kamen sie bei ihrem Reden
drauf, wo am besten sei zu beten.
»Auf dem Berg Garizim, ganz nah
– ich bin ja aus Samaria –,
verehrten meine Ahnen schon
den wahren Gott vom Himmelsthron.
Ihr Juden aber«, sprach die Frau,
»ihr seid ja ganz besonders schlau,
ihr betet in Jerusalem
im Tempel. Das ist angenehm.
Doch welcher Berg, Herr, ist nun richtig?
Für mich ist dies zu wissen wichtig.«
So sprach die Frau voll Wißbegier:
»Wo ist es recht, dort oder hier?«

Die Frage kam nicht ungeschickt
für Jesus, der die Frau anblickt'.
Er gab von seinem eignen Standort
ihr die für alle richt'ge Antwort.
»Hör, weder hier noch dort ist richtig,
o liebe Frau, das ist sehr wichtig.
Es kommt die Zeit, da zählt der Ort
nicht fürs Gebet. Vielmehr das Wort
wird gelten nur. Denn Gott ist Geist,
der allem Leben Richtung weist.
Wer ihn, den Geist, anbeten will,
der werd' im Geiste vor ihm still,
wo es auch sei, in aller Klarheit,
mit Mut und Offenheit und Wahrheit.
Nicht Berg und Ort sind mehr gefragt,
gefragt ist das, was Gott dann sagt
und daß er zum Gespräch sich stellt
mit allen, dieser Herr der Welt.
Das ist die Botschaft, liebe Frau.
Hör nur gut zu und dann vertrau
dem, der dir heute dies verkündet
und dich mit unsrem Gott verbindet.
Denn ich bin der, ich sag's noch oft,
ja, ich bin der, auf den ihr hofft.
Die Zukunft ist schon Gegenwart.«
»Das ist erfreulich und doch hart.
Ich will dir glauben, guter Herr.
Die Berge gelten nun nicht mehr.«

Berg der Verklärung

Nach Matthäus 17

Jesus war sehr oft allein,
um so ganz nah bei Gott zu sein,
allein vor Gott, den Herrn, zu treten
und mit ihm dort ganz frei zu reden.
Doch manchmal nahm er Jünger mit.
So richtete er einmal die Bitt'
an Petrus, den bekannten Mann,
Johannes und Jakobus dann:
»Kommt mit mir auf den hohen Berg,
ihr sollt dort sehen Gottes Werk!«
Sie stiegen hoch, erwartungsvoll:
»Was dieses Bergbesteigen soll?«
Sie kamen auf dem Gipfel an.
Das Wundervolle dort begann.
Denn plötzlich wurde Jesus hell,
erleuchtet, strahlend, gleißend grell.
Sein Angesicht war ganz verklärt.
Die Jünger waren stark verstört,
als plötzlich dann an Jesu Seite
Elia, Mose – alle beide –
in Vollgestalt zu sehen waren.
»Sind die nicht lange tot, seit Jahren?«
Die beiden redeten mit ihm.
Die Jünger hörten beider Stimm'.
Warum wohl Mose Partner war?
Weil er mit Gott vor Tag und Jahr
am Sinai den Bund geschlossen,
machte das Volk zu Bundsgenossen
und weil man sein Grab nirgends fand,
was niemals jemand je verstand.
Warum Elia wohl erschien?

Er mußte auch zum Horeb ziehn,
um Gottes Wort dort zu empfangen
und Trost und Hilfe zu erlangen.
Auch sein Grab fand man nirgends mehr.
Im Feuerwagen verließ er
die Erde, um bei Gott zu sein.
Auch das leuchtete niemand ein.
Die Jünger sahen aber nun
in diesem allem Gottes Tun.
Elia, Mose malten vor
die Rettung aus des Grabes Tor.
Die beiden sprachen von dem Gott,
der Liebe zeigte im Gebot,
der Tod nicht, sondern Leben wollte,
und das tat, was dem dienen sollte.
Den Jüngern dieses sehr behagte.
Drauf Petrus ihm zu sagen wagte:
»Hier, hier ist gut sein für uns alle!
Ist's möglich, daß es dir gefalle,
daß wir drei Hütten hier erstellen –
wir selber sind die Baugesellen! –
für jeden von euch je alleine –
für dich, Elia, Mose – eine.«
Daß diese Bitte komisch war,
das wurde Petrus ganz schnell klar.
Noch nicht beendet war die Bitte,
in der es ging um eine Hütte,
kam eine lichte Wolke bei,
umhüllte plötzlich alle drei.
Und aus der Licht-Verhüllungswolke
klang eine Stimm' zu allem Volke:
»Dies ist mein einz'ger lieber Sohn,
hört ihn, hört seiner Stimme Ton.
Er ist mein Sohn, nach meinem Sinn.
Macht Ohren auf und hört auf ihn!«
Als das die Jünger Jesu hörten,
die ihren Meister sehr verehrten,
da fielen sie auf ihr Gesicht,

was ja für Furcht und Schrecken spricht.
Am Boden lagen nun die Jünger.
Da merkten sie: Mit einem Finger
berührte Jesus sie, der Herr.
»Steht auf, ihr Freunde!« sagte er,
»Habt keine Furcht! Beruhigt euch!«
Dann hoben sie den Kopf sogleich
und sahen vor sich Jesus nur.
Elia, Mose? - Keine Spur.
Beeindruckt waren alle drei,
was wohl der Sinn des Ganzen sei?
Sie gingen nun den Berg hinunter
und wurden dabei wieder munter.
Da sagte Jesus klar und deutlich:
»Darüber schweigen! Unvermeidlich!
Erzählen habt erst dann im Sinn,
wenn ich einst auferstanden bin.«
Als Jesus dann nach einem Jahr
von Grab und Tod erstanden war,
da merkten sie, die Bergerscheinung
war damals schon des Tods Verneinung,
war Leben mitten in der Not,
war Ostern vor dem Kreuzestod.

Berg des Todes

Nach Markus 10, 32 – 34

Auf Bergen ist einst viel geschehen.
Man spürte Gottes Geisteswehen
auf diesen Höhen. Jedoch einer
war für uns wichtig so wie keiner.
Es war Morija, Gottes Berg,
wo Abraham tat Gottes Werk
und Gott doch seinen Sohn verschonte,
Gehorsam gegen ihn so lohnte.
Auf dieser Höhe baute später
der König David, Volkes Retter,
die alte Stadt Jerusalem.
Das war nicht allen angenehm.
Und Salomo erbaute dort
für Gott den allheiligsten Ort,
den Tempel, Platz für Opferfeste,
für Beten, Singen, viele Gäste.

Und schließlich war dann unser Herr,
nachdem er fleißig kreuz und quer
das ganze Land durchzogen hat,
hin auf dem Weg in diese Stadt.
Die Jünger ahnten, was dort kam.
Sie waren traurig, ihm gar gram,
entsetzt, verstört ob diesem Plan:
Dort fing ja Jesu Ende an.
Die Jünger folgten ihrem Herrn
gehorsam, ja, jedoch nicht gern.
Sie fürchteten sich sehr vor dem,
was anstand in Jerusalem.
So nahm der Herr die Zwölf beiseite,
erzählte in die Läng' und Breite,
was ihn erwarten würde dort
an diesem alten, heil'gen Ort:

»Seht zu, wir gehen jetzt dorthin
den Berg hinauf. Das hat den Sinn,
daß ich nach meinem Tun und Reden
muß dort vor meine Richter treten:
Die Hohenpriester, Schriftgelehrten.
Sie nennen mich den Grundverkehrten,
verdammen mich, Tod zu erleiden
und übergeben mich den Heiden,
den Römern, die die Macht besitzen.
Sie werden mich dort geißeln, ritzen,
verspotten und anspeien gar,
wie es bei Mördern üblich war.
Dann wird das Sterben mich erlösen
aus diesen Qualen, allem Bösen.
Mein Vater läßt dies so geschehen.
Und dann: ich werde auferstehen
nach seinem Willen nach drei Tagen.
Frei werd' ich sein von allen Plagen,
von aller Not und allem Tod.
Das alles tut an mir mein Gott.«
Die Jünger waren nach wie vor
kein fröhlicher Jungmännerchor.
Sie hörten nur von Leid und Schrecken,
vergaßen ganz das Auferwecken.
Sie sahen vor sich Golgatha.
Das Kreuz dort oben war so nah.
Sie blickten noch nicht über Grab
und Tod hinaus. Denn, ja, es gab
nur Zeichen für das Böse, Tote,
das ihrem Herrn – und ihnen? – drohte.
Daß dieses Kreuz von Golgatha
in jedem Land, ob fern, ob nah
das Sterben Jesu laut verkündet,
die ganze Christenheit verbindet,
das ahnten sie natürlich nicht.
Doch nach der Nacht kam helles Licht.
Mit Jesu Tod auf Golgatha
ist ew'ges Leben für uns da.

Der Berg der Himmelfahrt

Nach Matthäus 28, 16 – 20

Der Ostertag war längst vorbei.
Der Herr war längst vom Tode frei.
Die Jünger hatten ihn mal dort
an diesem und an jenem Ort
gesehen als lebend'gen Herrn.
Sie hatten ihren Herrn sehr gern,
und hätten ihn sehr gern behalten,
mit ihm ihr Leben zu gestalten.
Die Zeit von Jesu Sichtbarkeit
ging nun zu End', zu ihrem Leid.
Und Jesus wies die Jüngerschar
auf einen Berg, der weit weg war
in Galiläa. Hoch im Norden,
da wollten sie den Abschiedsworten
des Meisters ihre Achtung schenken,
mit ihm die Zukunft auch bedenken.
So kamen sie an diesen Ort.
Doch Jesus war schon lange dort.
Als sie ihn sah'n, erschraken sie
und auf dem Boden lagen sie.
Zum einen: Frohes Wiedersehen.
Zum andern: Großes Mißverstehen.
Die einen freuten sich am Herrn.
Die andern waren ihm ganz fern
und zweifelten, ob er der ist,
der tote, jetzt lebend'ge Christ.
Danach trat Jesus auf sie zu,
verflogen war die Angst im Nu.
Er sprach ein Wort, uns längst bekannt,
»Matthäi am letzten« wird's genannt.
Es war ein Wort voll Kraft und Saft,

das frohe, freie Menschen schafft:
»Gewalt im Himmel und auf Erden
ist mir gegeben, ihr Gefährten.
Kein noch so großes Weltgetümmel
und selbstgemachter Erden-Himmel
kann mir die Macht je streitig machen.
Der Menschen Macht ist mir zum Lachen.
Weil das so ist, drum gehet hin
und habt nichts anderes im Sinn
als in die Welt hinauszugehen,
nach allen Menschen dort zu sehen
aus allen Völkern. Macht zu Jüngern –
nicht mit erhob'nen Zeigefingern! –
die Menschen jeder Art und Sitte
mit Liebe, Freundlichkeit und Güte,
indem ihr sie zur Taufe bittet.
Denn wer getauft ist, ist behütet,
der ist bei Gott gut aufgehoben,
der kann dafür Gott nur noch loben.
Tauft sie auf des Dreiein'gen Namen.
Gott – Vater, Sohn und Geist zusammen –
ist *ein* Gott, außer ihm gibt's keinen.
Versucht, sie mit ihm zu vereinen,
indem ihr ihnen viel erzählt,
daß ich euch habe auserwählt,
daß ich euch liebe über Maßen,
daß Lieben besser ist als Hassen,
Vergeben besser ist als Rache,
daß der spricht eine neue Sprache,
der Jüngerin und Jünger ist.
Sagt ihnen, wie ein rechter Christ
in Freundschaft und Familie lebt,
wonach er trachtet und er strebt,
und was das Wichtigste auf Erden
im höchsten Glück und bei Beschwerden.
Der eine Gott, der eine Herr!
Nur ihm gebührt Lob, Preis und Ehr.
Und wenn ihr dann gehorsam seid,

verspreche ich für alle Zeit:
Ich als der Herr mit größter Macht
bin bei euch immer, Tag und Nacht.
Solange es noch Tage gibt,
seid ihr von mir geschätzt, geliebt.
Und auf dem ganzen Erdenrund
gilt dieses Wort aus meinem Mund.
Was ich euch sag', das gilt allort,
allzeit als Gottes gutes Wort.
Ich bin bei euch und bleib' bei euch.
Damit beginnt das Gottesreich.«
Noch immer gilt das Wort uns allen.
So sehr hat Gott an uns Gefallen.

Das war nun Jesu Abschiedswort.
Nach oben ging er weg vom Ort,
hinweg in die Unsichtbarkeit,
von allem Irdischen befreit.

Glaube versetzt Berge

Nach 1. Korinther 13, 2

Groß ist die Zahl der Berge.
Wir sind dagegen Zwerge,
bescheiden und ganz klein.
Wie kann es anders sein.
Hoch ragen Bergmassive.
Weit ist der Blick zur Tiefe.
Erhaben sind die Höhen
und herrlich anzusehen.
Wer Berge schon erlebte
und auf die Gipfel strebte,
der weiß um Macht und Stärke
der großen Gotteswerke.

In seinem hohen Lied der Lieb',
das Paulus, der Apostel, schrieb,
nennt er auch Berge zum Vergleich.
Wie war der Mann an Glauben reich!
Selbst wenn ein Mensch fest glauben könnte,
sich einen Stark-Glaubenden nennte,
so daß er könnte Berg' versetzen
zur Schau, zum menschlichen Ergötzen
und hätte nicht die Gottesliebe,
die ihn zum Wiederlieben triebe,
dann wäre dieser Mensch ein Nichts.
Am Wesentlichen ihm gebricht's.
Wir müssen's uns ins Herz einschreiben:
Für Glaub' und Liebe offen bleiben
und auch bereit zum Hoffen sein.
So läßt uns Gott zu sich hinein.

Der Berg der Zukunft

Nach Offenbarung 21, 9 – 27

Johannes, Gottes großer Seher,
war immer Gott ein bißchen näher,
sah Dinge, die kein Mensch je sah.
Das kommt davon: Er war Gott nah.
Er war einmal in Ephesus
der Bischof. Doch damit war Schluß.
Die Römer ließen ihn verhaften.
Zur Insel Patmos sie ihn schafften.
Johannes blieb bei seinem Glauben.
Den ließ er sich von niemand rauben.
Auch nicht die Jahre hinter Gittern
vermochten ihn je zu erschüttern.
Doch einen Vorzug hatte er:
Es gingen Briefe hin und her.
Er konnte Botschaften empfangen
von der Gemeinde. Manchen langen,
ja überlangen Brief schrieb er
an die Gemeinde. Denn der Herr
ließ viele wundervolle Dinge
den Seher sehn. Nicht zu geringe
sah Gott der Herr Johannes an.
Gott zeigte ihm, was kommen kann,
was kommen muß, was kommen wird,
damit er's weitersag' als Hirt
den Leuten, die auf Botschaft warten
und nie vergeblich darauf harrten.
Nie war Johannes dort auf Patmos
trotz der Gefängnismauern ratlos.
Am Ende jener Patmostage,
der Jahre voller Not und Plage,
trat nun ein Engel zu Johann'.

Mit ihm zu reden er begann:
»Ich zeige dir des Lammes Braut.
So 'was hast du noch nie geschaut.
Die Braut? Die Stadt Jerusalem,
die neue, wie sie Gott genehm
ist in den letzten Erdentagen,
ein Ort ganz ohne Weinen, Klagen.«
Er führte ihn im Geiste fort
auf einen hohen Berg. Und dort
sah Johannes die Gottesstadt,
die Gott herabgelassen hat
vom Himmel, um sie ihm zu zeigen.
Er konnt' nicht reden, nur noch schweigen.
Vor Staunen ging sein Mund nicht zu
ob dieser Stadt voll Glanz und Ruh.
Sie hatte Mauern auf vier Seiten.
Man brauchte Zeit, sie zu umschreiten,
denn hundertvierundvierzig Ellen
maß jede Seite. An zwölf Stellen
sah man die Tore weit und hoch.
Auf ihnen standen Engel noch
und angemalt an den Türrahmen
der zwölf Israel-Stämme Namen.
Des neuen Gottesvolks Gesandten,
der zwölf Apostel Namen, standen
auf den zwölf Grundsteinen, die strahlten
– sie mußten die Stadtmauern halten.
Es waren echte Edelsteine.
Johannes sah derart noch keine
Beryll, Chalzedon, Sarder, Topas,
Smaragd, Sardonyx und Chrysopras,
auch Jaspis, Saphir, Amethyst –
weiß jemand, was das alles ist? –
Noch Hyazinth und Chrysolith.
Welch andre Stadt hält da noch Schritt?
Aus reinem Gold ist sie gebaut.
Johannes hat dies klar geschaut.
Aus einer Perl' war jedes Tor.

Wer sah so etwas je zuvor?
Es gab dort keinen Tempel mehr.
Denn Tempel war jetzt Gott, der Herr.
Auch Mond und Sonne gab es keine.
Gott selbst beschien mit seinem Scheine
durch seine Herrlichkeit die Stadt,
die Gott für uns geschaffen hat.
In dieser Stadt gab's weder Nacht
noch Tag. Denn Gott in seiner Pracht
erstrahlte. Und es blieben offen
die Tore. Jeder konnte hoffen.
Die Völker sahen dieses Licht.
Für sie war's Gnade und Gericht.
Denn der nur durfte diese Stadt
betreten, der stets Gutes tat.
Der Lügner mußte draußen bleiben.
Die Treuen galt es dann zu schreiben
ins Buch des Lammes, Jesus Christ,
das ja das Buch des Lebens ist.

Die Stadt ist noch das Ziel der Zeit,
ist Gleichnis für die Ewigkeit.
Was Gott uns bietet, ist erfreulich,
wer dieses ablehnt, dem geht's greulich.
Denn er lebt ohne Licht und Gnade.
Dies zu versäumen wäre schade.
Die goldnen Gassen in der Stadt,
die schöne Perlentore hat,
die glänzt vor lauter Edelsteinen,
Gott und das Lamm gar selber scheinen
als Mond und Sonne Tag und Nacht.
Sie sagen: Dies hat Gott gemacht,
damit wir gerne auf ihn hören,
ihn hier schon lieben und verehren
und uns von ihm auch locken lassen
zur goldnen Stadt mit ihren Gassen.

Dies sah Johannes auf dem Berg.

Es war das letzte Gotteswerk,
das uns die Heil'ge Schrift verkündet,
das alle Völkerwelt verbindet.
Johannes hat es aufgeschrieben,
an Gott zu glauben, ihn zu lieben.

Und als die Arche fertig war, rief Noah zu sich Paar um Paar

Unter diesem Titel erschienen
23 biblische Wassergeschichten,
die Kurt Rommel in Reimen
nacherzählt hat, illustriert von
Gertrud Schrör.

Zu beziehen durch jede Buchhandlung

Erschienen im:
Sonnenweg-Verlag 7750 Konstanz